"哇！我发现了"丛书

哎哟！植物超有趣

柔萱 著

上海科技教育出版社

目 录

"壁虎"行动 会爬高的植物 …………… 2

胖嘟嘟国王大变身 种子的传播 ……… 12

想吃阳光大餐 植物的光合作用 ……… 22

找呀找呀找朋友 植物的朋友和敌人 ·· 32

最臭公主 植物的花 ………………… 42

"壁虎"行动 会爬高的植物

阳光明媚,怪博士胳膊下面夹了一本书,**慢悠悠**地来到街心花园。

"**哈**——街心花园可真漂亮!"怪博士走到一道篱笆墙边,篱笆墙上爬满了**蔷薇**。一朵朵鲜艳的蔷薇花,从绿油油的叶子里探出头来,像是一个个朝气蓬勃的小姑娘。

怪博士深吸一口气,然后搬来一张椅子,坐在蔷薇花墙下,打开了书……

"唉——"突然,蔷薇花墙的另一面传来叹气的声音。

"是谁?谁在唉声叹气?"怪博士急忙站起来,绕到蔷薇花墙的另一面,只见胖嘟嘟国王正仰着头,看着天空发呆。

"您的唉声叹气病又犯了?"怪博士问。

"不是犯病,是着急呀!"胖嘟嘟国王瞪了怪博士一眼,"明天,国际健康委员会要组织各国国王参加一次 活动……"

我发现

大多数植物的茎粗壮有力,向上生长,但也有些植物像蔷薇一样,它们的茎细长柔软,不能直立。不过它们有另一套本领——爬高,借助其他物体作支撑,向上生长。植物爬高的本领五花八门:有的借助吸盘或气生根吸附在其他物体表面爬高,有的靠卷须牢牢地卷住其他物体爬高,有的靠茎缠绕住其他物体来爬高。

"参加活动?这是好事啊,"怪博士很不理解,"为什么这么着急呀?"

"是**冒险**活动!"胖嘟嘟国王闷闷不乐地摇晃着胖嘟嘟的大脑袋,"这次冒险活动的名字叫'壁虎行动'。你知道……我最不喜欢冒险!"

"听名字就很有趣。"怪博士问,"是不是像壁虎一样贴在墙壁上,比赛谁贴的时间最长?"

"不止是贴在墙壁上,"胖嘟嘟国王皱着眉头,"还要沿着墙壁往上爬,看谁**爬得最高**。""唉!"胖嘟嘟国王又叹了一口气,"我又不会爬高。"

"这个简单。"怪博士很不以为然,"你瞧!很多没有腿的植物都会爬高,我们有手有脚,怎么反而不会爬了呢?"

"植物会爬高?我可不信。"胖嘟嘟国王把头摇得像拨浪鼓。

怪博士指了指旁边的蔷薇:"它们从地面往上爬呀爬,爬满了整个篱笆墙。另外,这边还有……"怪博士拉着胖嘟嘟国王来到一棵高高的大树前。一棵绿色的**常春藤**缠绕在大树的树干上,努力地向上爬。

我发现

常春藤外号"百脚蜈蚣",经常攀爬在石壁或树干上。常春藤的枝蔓上长着一排排刷子一样的不定根。这些根裸露在空气中,又叫"气生根"。常春藤用这些细细的、密密麻麻的气生根攀沿着石壁或树干向上爬。而且,这些气生根还能分泌黏液,像胶水一样,把自己牢牢地粘在石壁或树干上。

"看,它爬得多高!"怪博士和胖嘟嘟国王抬头看,只见细细的常春藤爬呀爬,占满了大树的枝枝丫丫。

"厉害!真厉害!"胖嘟嘟国王很好奇,"它没有脚,是怎么爬上去的呢?"

"它没有脚,不过,它有这个……"怪博士说着,指了指常春藤的枝蔓。只见柔弱的枝蔓上有一排排像小刷子一样的细根。

"这些叫气生根,"怪博士解释,"常春藤就是靠这些气生根向上爬的。"

"哈！那边的高墙上爬满了**爬山虎**。"突然，胖嘟嘟国王指着不远处一座高楼欢呼起来，"爬山虎爬得可真高，有的都爬到高高的楼顶上去啦！它们是不是也像常春藤一样长了会爬高的气生根？"

"不是啊，"怪博士和胖嘟嘟国王来到高楼下，"爬山虎爬高，靠的是一些小小的**吸盘**的。"

我发现

爬山虎有沿着高楼"飞檐走壁"的绝技，是个爬高能手。爬山虎长有很多卷须，卷须的顶端有圆圆的吸盘，这些吸盘还能分泌黏液。吸盘一接触到墙壁，立刻就像壁虎的脚一样牢牢地吸附在墙壁上。爬山虎的老枝固定后，长出的幼枝接着向前生长，形成新的卷须和吸盘。这样不停地固定、不停地生长……很快，爬山虎就爬满整面墙了。

"吸盘?"胖嘟嘟国王眼前一亮,"我有好办法啦!你帮我发明一种带吸盘的鞋子和手套,让我可以像爬山虎一样,轻轻松松地爬上高楼。"

"可以……"怪博士想了想,"不过我们还是再找一找,看看还有哪些植物也能爬高。多找点参考,才能发明出爬高**技巧一流**的鞋子和手套!"

"好吧!"胖嘟嘟国王和怪博士开始在街心花园里转悠,不一会儿来到了一个葡萄架下。

"**葡萄**竟然也会爬高?是不是也长了吸盘?"胖嘟嘟国王眯着眼,扒开葡萄叶子仔细看。

"不是的,"怪博士指了指葡萄藤上一根根**卷须**,"葡萄爬高靠的不是吸盘,而是这些小小的卷须……"

我发现

葡萄的茎上长着很多卷须,这些卷须向四周伸展,寻找可以支撑自己的物体。一旦找到了支撑物,这些卷须会立刻卷成环状,像一只只小手一样握住支撑物,把自己牢牢地固定在上面。接着它又长出新的卷须,寻找支撑物后继续向上爬高生长。黄瓜、丝瓜、豆角等都是靠卷须爬高生长的。

"哈！快瞧！"怪博士话还没说完，胖嘟嘟国王又有了新发现，"瞧！这些**牵牛花**竟然也会爬高！"

怪博士和胖嘟嘟国王一同来到牵牛花旁边，胖嘟嘟国王围着牵牛花转来转去，觉得很奇怪："牵牛花没有气生根，没有吸盘，也没有卷须，它是靠什么爬高的呢？"

"靠的是**缠绕功**。"怪博士笑呵呵地说，"牵牛花的缠绕功可是一流。"

……

看完了会爬高的植物，怪博士回到家，只用了一晚上的时间，就发明了胖嘟嘟国王需要的爬高鞋子和手套。

第二天，胖嘟嘟国王带上鞋子和手套，胸有成竹地参加**壁虎行动**去了。

到了中午，怪博士正在吃午饭。突然，电话铃响了，电话里传来胖嘟嘟国王带着哭腔的声音："救命啊！"

"怎么了？"怪博士忙问，"是不是爬高鞋子和手套失灵了？爬不高？"

"不是！"胖嘟嘟国王气急败坏地回答，"是爬得太高了！我恐高……下不来啦！"

我发现

牵牛花很神奇,它既没有气生根,也没有卷须和吸盘,却也能爬高。原来,牵牛花是靠细长柔软的茎缠绕在支撑物上来爬高生长的。牵牛花生长时茎两侧的生产速度不一致,当一边生长快了以后,就会向生长慢的一侧弯曲,这样茎就会缠绕到支撑物上,螺旋式地爬高生长了。

胖嘟嘟国王大变身 种子的传播

胖嘟嘟国王和呱呱魔法师一起到海边度假。他们坐在大海边，突然，海面上漂过来一个大圆球。

"瞧——"胖嘟嘟国王很惊讶，"那是什么？是足球？还是篮球？"

"都不是……不要大惊小怪。"呱呱魔法师很不以为然，"那是一个大**椰子**。"

"椰子怎么会从海面上漂过来？"胖嘟嘟国王有点不相信。

"椰子可是有名的**水上旅行家**的……"呱呱魔法师找了个舒服的坐姿,开始给胖嘟嘟国王讲故事,"海边长着一棵椰子树,椰子熟了,一阵风吹来,一个椰子'咕咚'一声掉进了水里……"

"这是我小时候听的《咕咚来了》的故事。"胖嘟嘟国王立刻反对,"我可不要听老掉牙的故事,我要听新故事。"

"后面的故事内容是新的了。"呱呱魔法师接着讲,"这个椰子漂在水面上,开始了它的**水上旅行**……"

我发现

植物的果实成熟以后,如果直接落到地上,种子会生活在妈妈的阴影下,很难见到阳光。而且很多种子挤在一起,会互相争夺空间、水分和阳光,容易造成植物宝宝们营养不良。所以,植物妈妈们都有自己巧妙的传播种子方法。生长在水边、水里的植物会依靠水来传播种子,比如椰树、睡莲等。

"好有趣的旅行啊!"胖嘟嘟国王听得入了迷。

"椰子一路顺水漂呀漂,漂到了我们面前。"呱呱魔法师讲得也入了迷,"它还会一直漂下去,直到找到合适的**落脚点**,然后才会停下来,在那里安家落户,生根发芽。"

"其实,椰子漂洋过海不只是旅行,还在**传播种子**。"呱呱魔法师继续说道,"种子离开植物妈妈,开始寻找合适的地方安家落户,就开始了一次既惊险刺激又妙趣横生的旅行。"

"哈!"胖嘟嘟国王越听越兴奋,他催促呱呱魔法师,"快用你的七十二变魔法,把我变成一粒种子吧!"

"好吧！"呱呱魔法师举起魔法棒对着胖嘟嘟国王一指，"超级大变身——变蒲公英种子。"

"扑——"胖嘟嘟国王立刻变成了一粒胖胖的蒲公英种子，举着一把小伞向远方飞去。

我发现

有些植物的种子是靠风来传播的。蒲公英的种子很轻很轻，风吹过来，种子就像一把把小伞一样飘起来，飘向四面八方。风停了，种子就落到地面上，在新环境里生根发芽。春天到了，风轻轻吹过来，我们可以看到一团团柳絮飞扬。如果你抓一把柳絮仔细看，可以看到里面有小小的种子。柳树的种子也是靠风传播的。

"记住……"呱呱魔法师在背后叮嘱,"如果你想变回原来的样子,一定要大声喊。"

才过了一会儿,远处传来了胖嘟嘟国王的大叫声:"救命啊!救命啊!"

呱呱魔法师急忙向发出声音的方向跑去,在一棵大树的树尖上,找到了还在大声呼喊的胖胖的蒲公英种子。

呱呱魔法师急忙举起魔法棒,对着胖胖的蒲公英一指:"超级大变身——变国王。"

"扑通!"胖嘟嘟国王从大树上掉下来。

"天哪!我越飞越高……"胖嘟嘟国王脸色苍白,捂着胸口说道,"我本来就恐高……不经意向下一看,差点儿被吓死!"

"好吧,那就变其他的吧!"呱呱魔法师举起魔法棒对着胖嘟嘟国王一指,"超级大变身——变苍耳种子。"

胖嘟嘟国王立刻变成了一颗胖胖的苍耳种子。

我发现

苍耳种子可以和动物一起旅行。苍耳种子外壳坚硬,长满了小倒勾,可以轻松地挂在偶尔从旁边经过的动物的皮毛上。然后它就和动物一起旅行了。过了一段时间,当动物用力抖动身体时,苍耳种子就落到了地上,开始生根发芽。一次惊险的旅行到此结束。鬼针子、蒺藜等也是以这种方式传播种子的。

呱呱魔法师慢悠悠地四处看风景。不一会儿,前面传来胖嘟嘟国王的大叫声:"救命啊!救命啊!"

呱呱魔法师急忙跑过去,在一块大石头上,他发现了浑身发抖的胖苍耳。

胖苍耳吓得哆哆嗦嗦说不出话:"天哪!刚……刚才我挂在了一头**大狮子**的毛上,幸……幸好它在石头上蹭痒痒时把我蹭下来了。吓死我啦!"

"这么胆小!好吧,变另一种种子吧。"呱呱魔法师举起魔法棒对着胖苍耳一指,"超级大变身——变**喷瓜**种子。"

胖嘟嘟国王变成一粒胖胖的喷瓜种子,躲进了一个熟透了的大喷瓜里。

胖胖的喷瓜种子刚刚躲进瓜里,只听"**砰**!"的一声,喷瓜爆炸了,无数个小小的种子带着黏液喷到12米开外的地方。

只听12米远外传来胖嘟嘟国王的大叫声:"救命啊!救命啊!"

我发现

当喷瓜成熟后,瓜里包裹着种子的黏液会剧烈膨胀。这时只要稍微一碰果实,瓜就会"砰"的一声破裂,就像一个充足了气的气球被刺破了一样。喷瓜喷射的力气很大,可以把种子和黏液喷射到五米以外。因为它喷射时力气大得像放炮,所以人们又叫它"铁炮瓜"。

呱呱魔法师急忙跑过去，在乱草丛里发现了胖胖的喷瓜种子。

变回来的胖嘟嘟国王一阵抱怨："**天哪**！喷瓜的劲儿可真大！差点儿把我摔死！"

"好吧。那就再变一种种子。"呱呱魔法师举起魔法棒，对着胖嘟嘟国王一指，"超级大变身——变**樱桃**。"胖嘟嘟国王变成了一粒胖樱桃。

呱呱魔法师还没来得及告诉胖嘟嘟国王注意事项，一群小鸟飞过来，衔住胖樱桃就飞走了……

过了几个小时，呱呱魔法师正躺在草地上晒太阳，突然，前面不远处传来胖嘟嘟国王的大叫声："救命啊！救命啊！"

呱呱魔法师急忙跑过去，他找呀找……找了大半天，也没有找到胖樱桃。

"您在哪里呢？"呱呱魔法师大声问。

脚下传来胖嘟嘟国王气急败坏的声音："我在小鸟的**大便**里呢！"

我发现

很多汁甜味美的果实,例如樱桃、野葡萄等,是靠小鸟或其他动物把种子吃进肚子来传播的。果实被小鸟吃进肚子以后,种子消化不掉,会随着小鸟的粪便排出来,传播到四面八方。靠小鸟传播种子的植物是比较先进的,因为鸟类传播种子的距离是所有传播方式中最远的。

想吃阳光大餐　植物的光合作用

这几天，慢吞吞厨师生病了，胖嘟嘟国王只好自己做饭吃。

"好麻烦！"胖嘟嘟国王一边择菜一边发牢骚，"做饭要择菜、洗菜、切菜、炒菜，还要淘米、洗米、煮饭……吃完饭以后还要洗锅、洗碗、洗盘子……"

"哼！不吃饭就不用做饭了！"胖嘟嘟国王越想越生气，他把手里的菜一扔，气呼呼地躺到床上**睡大觉**了。

可是，一个小时过去了，两个小时过去了……胖嘟嘟国王越躺越饿，越饿越**睡不着**！

胖嘟嘟国王从床上爬起来，捂着肚子站到窗前。只见明亮的月光下，院子里的大树长得枝繁叶茂，风吹过来，一片片树叶你推我、我挤你，"沙沙沙……"像在欢快地歌唱。

大树吃什么呢？它们可是不会动，不会做饭的呀！

我发现

我们饿了可以自己做饭吃，或找食物来吃。可是，植物不能移动，它们饿了怎么办呢？不用着急，聪明的植物有办法养活自己。植物的食物从哪来的呢？是植物利用自己的身体制造出来的。

"唉!"胖嘟嘟国王看着直叹气,"大树不吃饭还能这么**精神抖擞**。如果我能像大树一样,不吃饭也不会饿肚子,那该多好呀!"

胖嘟嘟国王叹着气躺回床上,开始数数:"一片树叶、两片树叶、三片树叶、四片树叶……"当数到第一千零一片叶子的时候,胖嘟嘟国王终于**昏昏沉沉**地睡着了。

第二天一大早,胖嘟嘟国王被饿醒了:"早餐……早餐在哪里呢?"

一想到要做早饭,胖嘟嘟国王马上觉得浑身不舒服,躺在床上有气无力地给怪博士打电话:"告诉我,植物为什么不吃饭也不会觉得饿?人为什么不吃饭就饿得浑身没力气?还有……"胖嘟

嘟国王不好意思地问道:"我能不能去你家吃早饭?"

"植物和人都需要吃饭,不吃饭谁都会没力气。不过,植物能通过**光合作用**,自己制造食物。"怪博士热情地邀请胖嘟嘟国王,"来我家吃饭吧!"

我发现

绿色植物自身就是一个小型的"食品加工厂",通过光合作用制造生长所需要的营养。植物的根从土壤里吸收水分,通过茎传送到叶片;同时植物通过叶片上的气孔吸收空气中的二氧化碳;叶片中的叶绿素则负责捕捉太阳能。通过一系列变化,太阳能、水和二氧化碳最后转变成植物所需的食物——淀粉等。这个过程就叫做植物的光合作用。

　　胖嘟嘟国王飞快地跑到怪博士家，见怪博士正在院子里的大树下，**慢悠悠**地吃着早饭。没等怪博士开口，胖嘟嘟国王自己先拿起一个大面包，大口大口地吃了起来。

　　"刚才你说植物也吃饭……"胖嘟嘟国王一面嚼(jiáo)着面包，一面含糊不清地问道，"我怎么没见过大树吃面包、喝牛奶呀？"

　　"它们吃的不是面包和牛奶，"怪博士不紧不慢地向胖嘟嘟国王解释，"它们吃的可是**阳光大餐**哟。"

"阳光大餐?"胖嘟嘟国王很奇怪,"什么味道?好不好吃?还有……"胖嘟嘟国王左右张望了一下,"厨房在哪里?"

"它们根本不用厨房。"怪博士笑了笑,"植物自身就是一个大的'食品加工厂'。它们在利用光合作用制造营养时,只需**晒晒太阳**,补补水分,吸吸二氧化碳,一顿阳光大餐就做成啦。"

我发现

绿色植物离不开光合作用,我们人类也依赖植物的光合作用。光合作用不仅给植物提供生长所需要的能量,而且多余的能量还会储存在植物体内,成为我们人类的食物,比如玉米、小麦、蔬菜、水果等。另外,植物进行光合作用时还会释放出大量的氧气,供我们人类呼吸。可以说,没有光合作用,地球上就没有生命。

"这么方便?"胖嘟嘟国王眼前一亮,"我也要吃阳光大餐!你帮我设计一个装置,让我像植物一样,只需要晒晒太阳、补补水分、吸吸空气就不会饿肚子啦!"

"当然可以。"怪博士说干就干,只用了一上午的时间,看上去像一件长长的绿袍子的"**绿袍子厨房**"就做成了。

怪博士把绿袍子交到胖嘟嘟国王手上,"只要你把绿袍子穿在身上,喝点水,然后躺在阳光下晒太阳,就可以**美美地**享受阳光大餐啦。"怪博士接着又补充道,"这样,不管你多少天没吃饭,你也不会觉得饿,不会觉得没力气啦。"

"**太棒啦**！"胖嘟嘟国王回到家,立刻把绿袍子披在身上,喝了一大杯水,然后搬来一个大躺椅,美滋滋地躺在院子里,晒起了太阳。

午饭时间到了,胖嘟嘟国王感觉精神百倍,一点儿都没觉得饿。

我发现

叶子是绿色植物进行光合作用的主要场所,叶子的色彩来自色素。色素有三种:叶绿素(绿色)、类胡萝卜素(黄色、橙色和棕色)和花青素(红色)。叶绿素很重要,如果没有叶绿素,植物就不能进行光合作用制造食物。夏季叶子中叶绿素含量占绝对优势,所以叶子一般是绿色的。

"不错！不错！"胖嘟嘟国王非常高兴，"阳光大餐真不错！"突然，从邻居家飘过来一股**香味**……

胖嘟嘟国王使劲吸了吸鼻子："红烧带鱼刚出锅的味道！"

他擦了一把口水，慢慢地躺下来，继续享受着阳光大餐。突然，又一股香味飘了过来……

胖嘟嘟国王又**使劲**吸了吸鼻子："慕斯大蛋糕新出炉的味道！"

第二天，怪博士经过胖嘟嘟国王家门前，只见胖嘟嘟国王站在一棵大树下，正美滋滋地品尝一块蛋糕。

"怎么回事？"怪博士很奇怪，"难道绿袍

子失效了？"

"不是，"胖嘟嘟国王一面吃着蛋糕一面解释，"只吃阳光大餐，觉得生活很**没有滋味**呀。"

我发现

到了秋天，温度慢慢降低，加上水分、养分供应不足，叶片不再合成新的叶绿素，而叶黄素相反则不断增加，所以到了秋天，叶子会由绿变黄。另外有些植物的叶子在凋落前会产生大量的花青素，所以叶子就变成红色。

找呀找呀找朋友　植物的朋友和敌人

早上，院子里**玫瑰花**和**百合花**的香味飘进屋子，钻进胖嘟嘟国王的鼻子里。闻到花香，胖嘟嘟国王从床上一跃而起："哈！美好的一天开始了……"

胖嘟嘟国王话音刚落，好朋友飞毛腿将军就冲了进来："快点！快点……我陪您一起去**跑步**锻炼。"

"我为什么要锻炼？"胖嘟嘟国王揉了揉眼睛，"我起床后的第一件事就

是吃东西——吃一顿热腾腾、香喷喷的美味大餐。"胖嘟嘟国王瞪了飞毛腿将军一眼，"我可不想饿着肚子去跑步！"

"不行！"飞毛腿将军态度很坚决，"您的体重已经超出标准100倍，再不锻炼，您就变成**超级大胖子**了！"

我发现

有些植物关系很好，它们生长在一起，不但相安无事，而且还能促进彼此的生长。比如百合和玫瑰种养或瓶插在一起，可延长花期；山茶花、茶梅、红花油茶等与山茶籽放在一起，可明显减少霉病。

"每天早上饿着肚子锻炼,我可不干!"胖嘟嘟国王很不高兴,"跟你做朋友真累!我不和你做朋友了!讨厌!烦人!快走开!"

"哼!"飞毛腿将军跺跺脚,气呼呼地离开了。

胖嘟嘟国王眯着眼靠在床上,慢吞吞厨师摆上了满满一大桌子蛋糕、香肠、饼干、酸奶、披萨饼和巧克力……

胖嘟嘟国王悠闲地吃起了美味大餐,怪博士走了进来,手里还端着一盆一串红。怪博士笑咪咪地对胖嘟嘟国王说:"昨天我发现您的院子里种了一株豌豆,所以,我把这

盆一串红送给您。要知道,**豌豆**和**一串红**是一对好朋友哟。"

"好朋友?"胖嘟嘟国王很好奇,"植物也有好朋友?"

我发现

别看植物不能说、不会动,但很多脾气和人类很相似呢!它们喜欢和朋友们生活在一起。一群植物朋友生长在一起的时候,它们都能愉快、健康地茁壮成长;而一旦同不喜欢的甚至"敌人"相遇时,植物之间也会彼此厌恶、争斗,甚至闹个你死我活。比如苹果和樱桃种在一起时,大家都会长得很好;而芹菜和甘蓝碰在一起,则谁也不会有好下场。

"当然啦。"怪博士点点头,"植物当然有好朋友啦。有些植物喜欢呆在一起,如果把它们种在一起,它们会长得比原来更健康、更强壮……就像人一样。"怪博士一开口就滔滔不绝,"人和**好朋友**呆在一起,也会感觉更快乐。是不是?"

"这倒是……"胖嘟嘟国王点点头。可是,好朋友飞毛腿将军刚刚被自己赶走了!连植物都有好朋友,自己怎么能没有好朋友呢?胖嘟嘟国王决定找一个新的好朋友。

"找朋友呢,一定要**爱好相同**,气味相投。"怪博士给

气味相投

胖嘟嘟国王出主意,"您可以写一张告示,叫'**朋友召集令**',然后贴到人来人往的大街上,不愁没有朋友来找您。"

我发现

植物和人一样,找朋友也要"气味相投"。在植物的生长过程中,它的根、茎、叶、花等器官会分泌出一些化学物质。这些化学物质挥发到空气中,在这株植物周围飘荡。如果有其他植物喜欢这种气味,它们就可以成为好朋友;而如果有其他植物讨厌这种气味,它们就会成为敌人。

"好呀!"胖嘟嘟国王觉得怪博士的主意很好,他立即写了一张告示:

朋友召集令

现寻找朋友一名。
男女不限,年龄不限。
身高不限,胖瘦不限。
有共同爱好即可。

胖嘟嘟国王

告示刚一贴出,笨熊气喘吁吁地跑来了:"胖嘟嘟国王,我想和您做朋友。"

"等一等……"怪博士在一边叫起来,人找朋友和

植物找朋友道理一样,如果找对了,对彼此都有好处;如果找错了朋友,比如把**黄瓜**和**番茄**硬放到一起,就会害人害己,两败俱伤哟!"

胖嘟嘟国王瞥了笨熊一眼:"我们两个有共同的爱好吗?"

"有呀,"笨熊瓮声瓮气地说,"我喜欢吃蛋糕!"

"我也喜欢。"胖嘟嘟国王立刻眼前一亮,"我还喜欢吃奶油冰淇淋。"

"我也喜欢。"笨熊擦了一把口水,"我还喜欢吃草莓味儿的鸡蛋卷。"

……

我发现

如果把性情不合的植物种到一起,会弄得两败俱伤。比如黄瓜和番茄是死对头,种在一起会同归于尽;玫瑰花和木犀草相遇,玫瑰花会拼命排斥木犀草,木犀草则在凋谢后释放出一种特殊的物质,使玫瑰花也中毒而死。

胖嘟嘟国王感觉和笨熊在一起有说不完的话,他立刻决定:"你就是我的好朋友啦!"

笨熊每天都来找胖嘟嘟国王玩,他们**一起**吃蛋糕,**一起**吃奶油冰淇淋,**一起**吃草莓味儿的鸡蛋卷和巧克力味儿的脆脆酥……

过了没多久,有一天,胖嘟嘟国王在吃冰淇淋时,突然觉得肚子疼,"哎哟……哎哟……"他捂着肚子催笨熊,"快……快打电话叫救护车!"

救护车来了,可是胖嘟嘟国王太胖太胖了,卡在了家门口。冷医生急得没办法,最后叫来八只大猩猩,把门砸掉,胖嘟嘟国王才被抬出来,送进了医院。

胖嘟嘟国王得的是急性肠胃炎,在医院里躺了一个多星期。病好回到家,他立刻给飞毛腿将军打电话:"我要减肥,你来做我的私人教练吧!"

飞毛腿将军很奇怪,"你不嫌我烦了?不讨厌我了?"

"怎么会呢!"胖嘟嘟国王有点不好意思,"我们之间,就像**大豆**和**蓖麻**,**甘蓝**和**西红柿**一样……永远是最最要好的好朋友啊。"

我发现

有的植物还能为自己的朋友做"保健医生"呢!比如,蚜虫、菜粉蝶喜欢吃甘蓝,却害怕西红柿的气味;如果让西红柿做甘蓝的邻居,菜粉蝶就不敢贸然靠近,甘蓝就可以免受其害了。金龟子喜欢大豆,却害怕蓖麻的气味儿,如果大豆和蓖麻做邻居,那么危害大豆的金龟子就会被"驱逐出境"啦。

最臭公主 植物的花

稀奇古怪国要举办一场别开生面的"**最最公主选拔赛**"。胖公主知道了这个消息，马上开始打扮自己。她穿上最高的高跟鞋，涂上最红的口红，穿上最艳丽的花裙子……胖公主站在镜子前照了照："哈！我肯定是'最最公主选拔赛'上最美丽的公主！"

胖公主拎起最最时髦的手提包，一扭一扭地来到稀奇古怪国广场，只见广场上已聚集了各国的公主。

看到胖公主，咕咚国的咕咚公主立刻"咕咚、咕咚"地跑过来和胖公主打招呼，老远老远，胖公主就闻到咕咚公主身上有一股浓浓的**花香味儿**。

"嘻嘻……哈哈……"嘻哈国的嘻哈公主看到胖公主，也急忙跑过来，向胖公主问好。嘻哈公主刚一张嘴，胖公主立刻闻到嘻哈公主身上有一股**淡淡的**花香味儿。

我发现

很多花不仅好看,而且还有好闻的香味。这些香味是从哪里来的呢?原来花瓣里含有一种芳香油,芳香油挥发到空气中,就是我们闻到的香味了。不同的花会产生不同的芳香油,所以香味不同,浓淡也不一样。不管花香是浓是淡,都是为了吸引昆虫来为它传粉。

　　胖公主吸着鼻子在公主们的身边闻来闻去："好香啊！有的像桂花香、有的像茉莉香、有的像玫瑰香、有的像**昙花香**……"可是，胖公主闻闻自己，却只有一股汗臭味。

　　胖公主急忙去找怪博士："为什么别的公主身上有花香味，我的身上却只有汗臭味？！"胖公主觉得很不公平。

　　"很简单，"怪博士慢吞吞地说，"因为她们喷了香水。"

　　"我也要**喷香水**！"胖公主握紧了拳头，"我要喷很多很多香水，要比那些公主香一百倍、一千倍！我要成为'最最公主选拔赛'上最香的公主！"

"好啊。"怪博士从抽屉里取出一个小瓶子,"瞧——这是我的最新发明——花香瓶。它能吸收花的味道,并且把它转化成香水。花香瓶中的香水可是最天然、最纯正的香水哟。"

怪博士把花香瓶交给笨熊:"你去帮胖公主采集最最香的**花香**吧!"

"阿嚏——好吧。"笨熊答应了一声,打了一个大喷嚏。他最近有点感冒,鼻子不通气。

我发现

昙花只在晚上八九点开花,而且开花的时间非常短,从开花到花谢不过三四个小时。所以人们经常用"昙花一现"形容时间很短。昙花的花瓣很娇嫩,柔白的花朵散发出淡淡的清香,昆虫们闻到香味就会赶来享受美味大餐,顺便帮昙花传粉。

笨熊拿着花香瓶来到野外。他走过一片池塘，看到池塘里漂浮着绿绿的**无根萍**，上面还开着像针尖一样小的花。

笨熊拿出花香瓶，刚打开瓶盖，摇摇头又盖上："不行！不行！！这么小的花，香味肯定很淡很淡。"

笨熊抬头向前看，只见不远处有一片**野蔷薇**。

笨熊举着花香瓶跑过去，刚要打开瓶盖，又摇了摇头："不行！不行！！野蔷

薇虽然开得鲜艳漂亮，可是却没什么特点，估计它的香味儿也不怎么样哟。"

笨熊摇着头离开野蔷薇，一边自言自语："我笨熊可是**有个性**的熊，一定要采集最**有个性**的花的花香。"

我发现

无根萍是浮萍的一种，它的个子很小很小，长只有一毫米多，宽不到一毫米，比芝麻还小！有趣的是，这种微小植物的花只有针尖般大。无根萍是世界上最小的有花植物。世界上最香的花是荷兰的白色野蔷薇，又叫"十里香"，它的香气可传五千米，是世界上香气飘溢最远的花。

什么样的花最有个性呢？笨熊左顾右盼，突然，他发现一片沼泽地上开着一朵朵特别娇艳的花，花的形状很有个性，像一个个齿轮；而叶子足足有一米长。

"哈！这才是我要找的**有个性的花**！"笨熊欢呼一声，举着花香瓶跑到"有个性的花"旁边，他刚要打开瓶盖，手不小心碰到了一片叶子——

"唰！"许多细长的叶子立刻变得像一只只**鸟爪子**一样，伸展开来，缠住笨熊的胳膊，使劲往回拉。

"天哪！"笨熊被细长的叶子拖得跌倒在地上，吓出了一身冷汗。

"救命啊！救命啊！！"笨熊坐在地上大叫，一面憋足了力气使劲往后退，就像和叶子在进行一场势均力敌的拔河比赛。最后，他终于挣脱了长叶子。笨熊吓得脸色苍白，一口气跑出很远很远。

我发现

其实，笨熊看到的"有个性的花"叫日轮花。日轮花能发出兰花般诱人的芳香，很远就能闻到。不过，如果有人被日轮花的花香迷惑，上前采摘时，只要轻轻碰到花或叶，那些细长的叶子立刻会像鸟爪子一样伸展开来，把人拖倒在地。这时，躲在日轮花旁边的毒蜘蛛就会迅速地赶过来咬食人体。毒蜘蛛排出的粪便是日轮花最好的肥料。

"哎！采点儿花香，差点儿把命搭上。"笨熊揉着又疼又肿的手腕，闷闷不乐地继续向前走。

突然，前面出现了一朵**很大很大**的花。

"哈！我可从来没见过这么大，这么有个性的花！"笨熊忘了手腕疼，他急忙跑过去，"这是什么花呢？"

"**大王花**。"旁边树上，一只小鸟回答。

"连名字都这么有气势！"笨熊毫不犹豫地举起手里的花香瓶，打开瓶盖……

第二天，"最最公主选拔赛"开始了。咕咚公主最可爱，被选为"最可爱公主"。嘻哈公主最美

丽,被选为"最美丽公主"……轮到胖公主上场了,她把花香瓶里的香水全都喷到了身上。

"哇——什么味道!"评委们都捏起了鼻子,"好臭啊!"

于是,胖公主被评为"**最臭公主**"。

"哼!"最臭公主气呼呼地去找笨熊,"这是怎么回事?!"

"对不起!对不起!"笨熊捂着鼻子一个劲地道歉,"我刚刚才知道,原来大王花是世界上最臭的花。"

我发现

大王花是目前世界上最大的花,它寄生在其他植物身上,没有叶子、根和茎,整个身体就是一朵巨大的花。大王花看上去很美,但却臭得让人受不了。它一生只开一次花,花期为四天。大王花的臭味虽然让人和大型动物不敢靠近,却能吸引一些喜欢臭味的苍蝇、甲虫等昆虫来帮助它传粉。

责任编辑　侯慧菊
封面设计　悠　笛
插　　图　悠　笛

"哇！我发现了"丛书
哎哟！植物超有趣
柔　萱　著

出版发行　上海世纪出版股份有限公司
　　　　　上 海 科 技 教 育 出 版 社
　　　　　中国图书进出口上海公司
版　　次　2014年8月第1版
书　　号　ISBN 978-7-5428-5992-1/G·3347

图书在版编目(CIP)数据

哎哟!植物超有趣 / 柔萱著. —上海:上海科技教育出版社, 2014.8

(哇!我发现了丛书)

ISBN 978-7-5428-5992-1

Ⅰ.①哎… Ⅱ.①柔… Ⅲ.①植物—儿童读物 Ⅳ.①Q94-49

中国版本图书馆CIP数据核字(2014)第134615号

www.ingramcontent.com/pod-product-compliance
Lightning Source LLC
Chambersburg PA
CBHW081022040426
42444CB00014B/3313